알렉산더 벨

일러두기

1. 이 시리즈는 영국 Franklin Watts 출판사의 「Famous People Famous Lives」 시리즈를 기반으로 국내 창작물을 덧붙인 초등학교 저학년 대상의 인물 이야기입니다.
2. 초등학교 저학년이 이해하기 힘든 사건이나 사실들은 편집부에서 설명을 덧붙였습니다.
3. 사람 이름이나 지역 이름 등 외국에서 들어온 말은 국립 국어원의 외래어 표기법을 따랐습니다.

Famous People Famous Lives
ALEXANDER GRAHAM BELL
by Emma Fischel and illustrated by Lesley Bisseker

Text Copyright ⓒ 1996 by Emma Fischel
Illustrations Copyright ⓒ 1996 by Lesley Bisseker
All rights reserved.

Korean Translation Copyright ⓒ 2010 by BIR Publishing Co., Ltd.
Korean translation edition is published by arrangement with Franklin Watts,
a division of the Watts Publishing Group Ltd. through Imprima Korea Agency.

이 책의 한국어판 저작권은 Imprima Korea Agency를 통해 저작권사와 독점 계약한 **(주)비룡소**에 있습니다.
저작권법에 의해 한국 내에서 보호를 받는 저작물이므로 무단 전재와 무단 복제를 금합니다.

알렉산더 벨

에마 피시엘 글 레슬리 뷔시커 그림 이원경 옮김

비룡소

　1847년 3월 3일, 영국 스코틀랜드 에든버러에서 한 아기가 태어났어요.
　"예쁜 사내아이예요!"
　부모님은 아기의 이름을 아버지와 할아버지의 이름에서 따와 알렉산더 벨이라고 지었어요.

"어서 빨리 모두에게 이 소식을 알려야지!"
벨의 아버지는 가족들에게 편지를 썼어요.
당시에는 소식을 대개 편지로 전했어요. 전화기도 이메일도 없었거든요.

　편지는 사람이 직접 증기 기관차나 말을 타고 배달했기 때문에 급한 소식을 전하기에는 너무 느렸어요.
　하지만 벨이 커서 전화기를 발명하고 나서는 달라졌지요.

어릴 때부터 벨은 남들이 잘 하지 않는 생각을 많이 했어요. 한번은 자기 이름을 더 길게 만들기도 했지요.

"알렉산더 벨이란 이름은 너무 짧아. 중간 이름을 넣어야겠어!"

벨은 자기 이름을 '알렉산더 그레이엄 벨'로 바꾸었어요.

또 벨은 멀리 떨어져 있는 친구와 이야기할 수 있는 기발한 방법도 생각해 냈어요. 실을 팽팽하게 연결한 뒤 전하고 싶은 이야기를 약속된 신호로 바꾸어 실을 두드리는 거예요. 신호를 보내면 친구는 실을 타고 전해진 진동을 해석해 답을 보냈지요.

벨의 어머니는 귀가 안 들려서 말을 잘 못했어요.

아이들과 이야기를 나누기 어려운 어머니를 대신해 아버지는 벨과 형 멜빌, 동생 에드워드를 엄격하게 가르쳤지요.

벨의 열여섯 번째 생일날, 아버지가 생일을 축하하며 물었어요.

"벨, 너도 벌써 열여섯 살이구나. 앞으로 무슨 일을 하고 싶니?"

벨이 씩씩하게 대답했어요.

"아버지처럼 청각 장애인들에게 말하는 법을 가르치는 선생님이 되고 싶어요."

벨의 아버지는 듣지 못하는 사람들이 말할 수 있는 방법을 연구하고 있었어요. 어떤 소리를 낼 때의 입 모양을 그림으로 그려 그대로 따라 할 수 있게 했지요.

1864년부터 벨은 아버지처럼 청각 장애인들에게 말하는 법을 가르치기 시작했어요.

벨은 늘 쉽고 재미있는 수업을 하기 위해 애썼어요. 아이들에게 각자 목에 손을 대게 한 다음 말할 때 목이 어떻게 떨리는지 느끼게 했어요.

풍선을 이용해서 소리의 떨림을 느끼게도 해 주었어요. 입 앞에 깃털을 놓고 어떤 소리를 낼 때 숨을 내뱉고 들이쉬는지도 볼 수 있게 했고요. 덕분에 아이들은 말을 더 쉽게 배울 수 있었지요.

벨이 스무 살 되던 해, 아주 슬픈 일이 생겼어요. 동생이 결핵이라는 병에 걸려 세상을 떠난 거예요. 삼 년 뒤, 형도 같은 병으로 세상을 떠났어요.

벨은 형과 동생을 잃은 슬픔에 병이 나고 말았어요.

벨의 아버지는 벨의 건강을 무척 걱정했어요.
"캐나다로 가자. 거긴 공기가 맑으니까 건강하게 지낼 수 있을 거야."
1870년, 벨은 가족과 함께 캐나다로 떠났어요.
캐나다에서도 벨은 아버지를 도와 청각 장애인들을 가르쳤지요.

1871년에 벨은 미국 보스턴에 있는 청각 장애인 학교에서 아버지가 연구해 온 '보이는 음성'을 소개했어요. '보이는 음성'은 사람이 어떤 말을 할 때 목구멍, 혀, 입 등이 움직이는 모양을 본떠서 그린 기호예요. 청각 장애인들이 기호를 보고 그 모양을 그대로 따라 해 소리를 낼 수 있게 한 거지요.

　사람들은 이 문자가 아주 기발하다고 생각했어요. 얼마 지나지 않아 다른 청각 장애인 학교에서도 벨에게 아이들을 가르쳐 달라고 부탁했지요.

벨은 청각 장애인들이 더 자유롭게 이야기할 수 있기를 바랐어요. 그래서 '보이는 음성'을 가르치는 데서 끝나지 않고 청각 장애인들과 함께 생활하며 연구를 계속했어요.
　1873년부터는 보스턴 대학에서 '음성 생리학'을 가르쳤어요. '음성 생리학'은 소리를 내는 목젖, 이, 잇몸, 혀 같은 음성 기관의 기능을 과학적으로 연구해 알려 주는 학문이었지요.

　그 무렵에 벨은 메이블 허버드라는 여학생에게 말하는 법을 가르치기 시작했어요. 메이블은 다섯 살 때 병을 앓아 소리를 들을 수 없었지요.

　메이블은 처음에 자신보다 열 살이나 많은 벨을 별로 좋아하지 않았어요. 하지만 벨의 도움으로 조금씩 말을 할 수 있게 되면서 점점 마음을 열어 갔지요.

벨은 청각 장애인들이 말할 수 있게 돕는 방법뿐만 아니라 멀리 떨어져 있는 사람들에게 더 빠르고 정확하게 소식을 전하는 방법에도 관심이 많았어요. 특히 글자나 숫자를 전기 신호로 바꾸어 먼 곳으로 전해 주는 '전신기'에 관심을 가졌지요.

 당시에 사람들은 멀리 소식을 전할 때 전신기를 이용해 전보를 보냈어요. 전신기는 한 번에 한 가지 내용만 보낼 수 있어서, 많은 내용을 보내려면 한참을 기다려야 했지요.

 벨은 더 빠르게 더 많은 소식을 전할 방법이 있을 거라고 생각했어요.

벨은 낮에는 학생들을 가르치고, 밤에는 많은 양의 전기 신호를 한꺼번에 보낼 수 있는 '다중 전신기'를 연구했어요. 연구에 매달리다 보니 잠도 못 자고, 돈도 많이 들었어요.

　메이블의 아버지인 가드너 허버드가 벨의 사정을 알고 말했어요.
　"내가 도와주지. 이 돈은 자네 아이디어가 성공하면 그때 갚게."
　사업가인 허버드는 벨이 다중 전신기를 발명하면 큰돈을 벌 수 있을 거라고 생각했어요.

허버드의 도움으로 벨은 연구실을 갖게 되었어요. 그리고 연구를 도와줄 토머스 왓슨이라는 사람도 구했어요.

벨이 아이디어를 내면 왓슨이 그 아이디어에 따라 새로운 기계의 모형을 만들었어요.

벨은 끈질긴 노력 끝에 다중 전신기를 만들었어요. 하지만 신호가 매끄럽게 전달되지 않았어요. 그래도 벨은 포기하지 않고 실험을 거듭했어요.

1875년 6월, 벨과 왓슨은 각자의 방에서 전선으로 연결된 전신기를 실험하고 있었어요.

왓슨이 스프링을 잡아당기자 팅 하고 전신기에서 소리가 났어요.

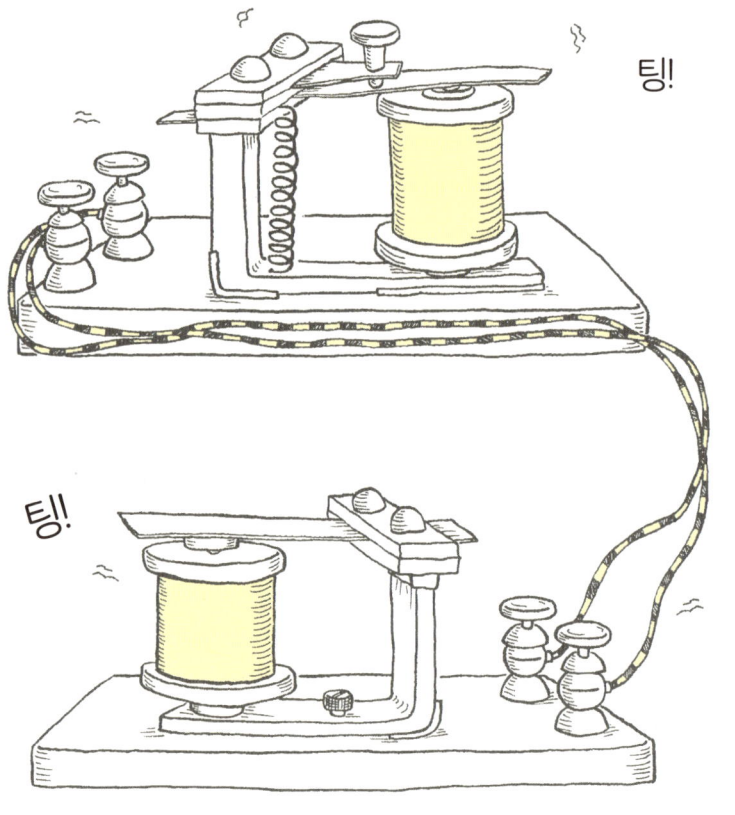

잠시 후, 벨 쪽 전신기에서도 팅 소리가 났어요. 전선을 통해 소리가 전해진 거예요.

벨의 머릿속에 반짝이는 아이디어가 떠올랐어요!
"그래! 이거야! 소리를 전기 신호로 바꾸어 보낸 다음, 받은 전기 신호를 다시 소리로 바꾸는 거야!"
이 반짝이는 아이디어 덕분에 '전화기'가 만들어졌어요.

 허버드는 전화기를 연구하는 벨이 못마땅했어요.
 "전보를 빨리 보내는 방법이나 연구해. 전선으로 소리를 보낸다는 둥 말도 안 되는 소리 그만하고."

그즈음 미국 시카고에 사는 엘리샤 그레이라는 사람도 벨과 같은 연구를 하고 있었어요.

벨과 엘리샤 그레이 가운데 누가 먼저 전화기를 만들게 될지 경쟁이 시작되었어요!

1876년 3월 9일, 벨은 전화기의 성능을 실험했어요. 하지만 웅얼거리는 소리만 전달될 뿐 무슨 말인지 알아들을 수가 없었어요.

벨과 왓슨은 소리가 또렷하게 전달되도록 다시 연구했어요. 그리고 마침내 전화기를 통해 멀리 떨어져 있는 사람들과 말을 주고받을 수 있게 되었지요.

벨은 전화기가 완성되기 전인 1876년 2월에 미리 미국 특허국에 특허권을 신청해 두었어요. 새로운 발명품으로 전화기를 사용하거나 만들어 팔 수 있는 권리를 갖기 위해서였지요.

그런데 비슷한 시기에 엘리샤 그레이도 전화기에 대한 특허권을 신청했어요. 엘리샤 그레이와 벨은 서로 전화기가 자신의 아이디어라고 주장했어요.

1876년 3월, 미국 특허청은 두 사람의 연구를 조사한 뒤 판정을 내렸어요.
"가장 정확한 전화기 설계도를 그린 벨에게 전화기 특허권을 준다."

1876년 6월, 벨은 미국 필라델피아에서 열린 미국 독립 100주년 기념 박람회에서 전화기를 선보였어요.
  사람들은 전화기를 보고 깜짝 놀랐어요. 브라질 황제인 페드루 2세도 시험 삼아 통화해 본 뒤 크게 감탄했지요.

하지만 전화기를 반기지 않는 사람들도 많았어요. 전화기에 연결된 선을 따라 병이 옮거나, 전화기가 사람들의 귀를 멀게 만들 거라고 생각했거든요.

　벨이 맨 처음 만든 전화기는 너무 커서 쓰기 불편했어요. 게다가 전화선이 직접 연결된 전화기끼리만 통화할 수 있어서 전화선이 아주 많이 필요했어요.

이 수많은 전화선이 모두 땅 위로 설치되는 바람에
거리에는 전화선들이 어지럽게 매달렸지요.

얼마 지나지 않아 '전화 교환국'이 생겼어요. 전화 교환국은 전화선을 직접 연결하지 않아도 전화를 걸면 상대방 전화기와 연결해 주었어요. 덕분에 더 많은 사람들이 전화를 이용할 수 있게 되었지요.

벨은 큰 부자가 되었어요. 1877년, 벨은 오랫동안 사랑을 키워 온 메이블과 결혼했어요. 두 사람은 유럽으로 신혼여행을 갔다가 영국 빅토리아 여왕의 초대를 받기도 했어요.

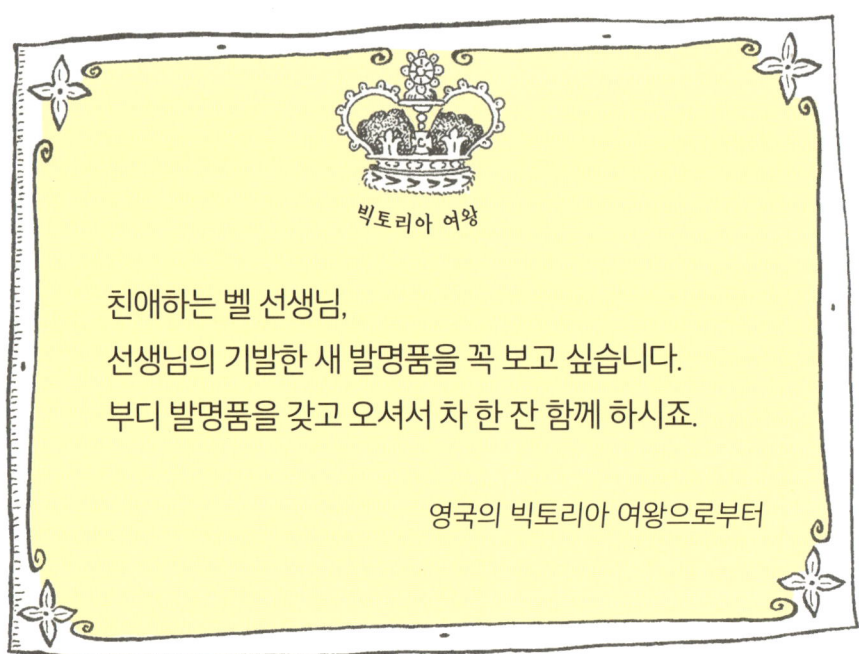

빅토리아 여왕

친애하는 벨 선생님,
선생님의 기발한 새 발명품을 꼭 보고 싶습니다.
부디 발명품을 갖고 오셔서 차 한 잔 함께 하시죠.

영국의 빅토리아 여왕으로부터

1880년, 프랑스에서는 전화기를 만든 공로를 인정하여 벨에게 볼타상을 주었어요. 벨은 볼타상의 상금으로 청각 장애인의 교육을 연구하는 '볼타 연구소'를 세웠어요.

1885년에 벨은 캐나다 노바스코샤에 실험 연구소를 갖춘 별장을 지었어요. 이 별장에 '베인 브리'라고 이름을 짓고, 이곳에서 발명에 더욱 힘썼어요.

벨은 하늘을 나는 기계를 만들고 싶었어요.

먼저 피라미드 모양의 틀에 실크 천을 덮은 연을 만들었어요. 이 연은 가볍지만 아주 튼튼했지요. 벨은 피라미드 모양의 틀을 여러 개 이어 붙이면 더 튼튼한 연이 될 거라고 생각했어요. 벨은 무려 삼천 개의 틀을 합쳐 만든 이 연에 '프로스트 킹'이라는 이름을 붙였지요.

1909년엔 비행기 '실버 다트호'를 만드는 데도 성공했어요.

　벨은 수중익선이라고 불리는 배도 만들었어요. 이 배는 물에 살짝 뜬 채로 날아가기 때문에 다른 배보다 속도가 빨랐어요. 벨이 만든 수중익선 가운데 하나는 그 당시 세계에서 가장 빠른 배로 기록되기도 했지요.

벨은 베인 브리에서 아내 메이블과 두 딸 엘시, 데이지와 오랫동안 살았어요. 나중에는 손자 손녀들도 함께 살았지요. 벨은 손자 손녀들과 노는 것을 좋아했어요.

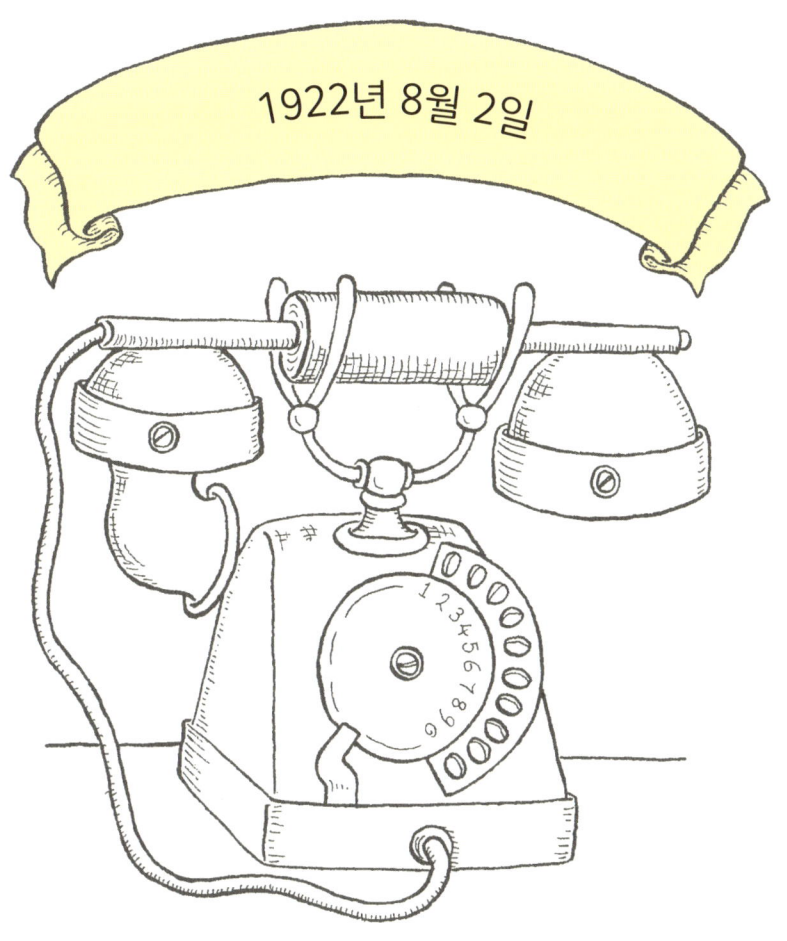

　1922년 8월 2일, 벨은 일흔다섯의 나이로 세상을 떠났어요.

　벨의 장례식이 시작되는 순간 캐나다와 미국에서는 일 분 동안 모든 전화기의 사용을 멈추었어요. 전화기를 만든 벨의 공로를 기리기 위해서였지요.

♣ 사진으로 보는 알렉산더 벨 이야기 ♣

청각 장애인 교육에 힘쓴 벨

벨은 청각 장애인을 교육하는 일을 무척 소중히 여겼어요. 청각 장애인들이 쉽게 말을 배울 수 있는 방법을 연구하는 데 온 힘을 쏟았지요.

벨이 처음 청각 장애에 관심을 가지게 된 건 어머니 때문이었어요. 청각 장애인이었던 어머니와 대화하는 방법을 익히면서 자연스럽게 청각 장애인이 더 정확하고 쉽게 말할 방법은 없을까 연구하게 된 것이지요.

1868년, 벨은 청각 장애인들에게 자신의 입술과 혀를 만지게

알렉산더 벨의 모습이에요.

하고, 그 움직임과 모양을 그대로 흉내 내게 하는 방식으로 말을 가르쳤어요. 1871년에는 보스턴에 있는 청각 장애인 학교에서 벨의 아버지가 만든 '보이는 음성'을 가르치기도 했지요.

　벨이 청각 장애인을 교육했던 방식은 오늘날 비판을 받기도 해요. 입으로 말하게 하는 교육에만 집착해서 수화를 금지시키기도 했거든요. 청각 장애인이 소통할 수 있는 또 다른 방식을 닫아 버린 거예요.

벨이 가르쳤던 '보이는 음성'은 총 서른네 개의 기호로 되어 있어요. 특정한 소리를 낼 때 목구멍, 혀, 입, 이 등이 움직이는 모양을 본떠서 기호로 만든 것이지요. 청각 장애인들이 모양을 보고 그대로 따라 해서 소리를 낼 수 있도록 한 거예요.

발명가 벨

　벨이 전화를 발명한 일은 그가 평생 이뤄 낸 많은 발명들 중 하나에 불과해요. 벨은 발명이란 생각하거나 숨을 쉬는 것과 같다고 생각했고 실제로 수많은 발명품을 남겼어요.

　1881년 제임스 가필드 미국 대통령이 총격을 당했을 때, 벨은 대통령의 몸속에 박힌 총알을 찾아내는 장치를 발명했어요. 또한 그 당시 세계에서 가장 빠른 비행기와 빠른 속도로 물 위를 달리는 수중익선을 만들었고, 에디슨이 만든 축음기(소리를 녹음하고 재생하는 기계)를 더 좋게 개발하기도 했지요. 그 밖에도 청력을 측정하는 청력 검사계, 에어컨, 정수기, 빙산 탐지기 등 다양한 발명을 했어요.

벨은 혼자 열여덟

벨의 발명품 중 하나인 비행기 '실버 다트호'예요. 이 비행기는 캐나다에서 가장 처음으로 비행에 성공했지요.

벨이 발명한 수중익선 중 하나인 HD(하이드로돔)-4예요.

가지, 동료와 함께 열두 가지의 특허를 받았어요. 그 밖에도 당시의 기술로는 만들 수 없었지만 오늘날에 와서야 실현된 벨의 아이디어도 꽤 많답니다.

누가 전화기를 처음 발명했을까?

벨은 자신이 전화기 발명가라는 것을 밝히기 위해 법정에서 싸워야 했어요. 벨보다 먼저 전화기를 발명했다거나 벨이 자신의 아이디어를 훔쳤다고 주장하는 사람들이 있었거든요.

엘리샤 그레이도 자신이 전화기를 최초로 발명했다고 주장한 사람들 중 하나였어요. 벨과 엘리샤 그레이는 거의 비슷한 시기에 전화기를 발명했어요. 벨은 1876년 2월에 특허권을 신청했는데, 비슷한 시기에 엘리샤 그레이도 전화기에 대한 특허권을 신청했어요.

하지만 1876년 3월, 미국 특허청은 벨에게 특허권을 주었어요. 벨이 전화기에 관한 아이디어를 메모로 남겨 놓았고, 발명한 전화기를 이용해 처음으로 전화에 성공했다는 게 그 이유였죠.

벨이 발명한 전화기의 초기 모습이에요. 전화를 뜻하는 영어 단어 텔레폰(telephone)은 그리스어로 '멀다'를 뜻하는 텔레(tele)와 '소리'를 뜻하는 폰(phone)을 합하여 만든 거예요.

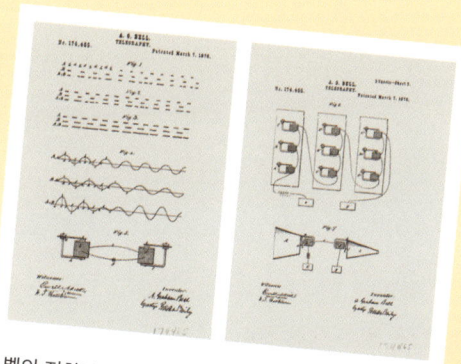

벨의 전화기 발명에 대한 특허권이에요. 특허권에는 전화기 설계도가 그려져 있어요.

그 후로 벨이 최초로 전화기를 발명한 것으로 널리 알려졌으나, 2002년 6월 미국 의회는 이탈리아의 발명가 안토니오 메우치를 전화기 발명가로 인정했어요. 안토니오 메우치는 알렉산더 벨보다 무려

21년이나 앞서서 전화기를 발명했지만, 특허 등록비가 없어서 정식이 아닌 임시 특허를 신청할 수밖에 없었어요. 1876년 벨이 전화기를 발명했다며 미국 특허청에 정식으로 특허를 등록하자 억울했던 메우치는 소송을 걸어요. 하지만 소송에서 이기기 전에 심장 마비로 세상을 떠나고 말지요.

1892년, 미국 뉴욕과 시카고를 잇는 전화기가 놓였어요. 벨이 시험 삼아 첫 번째 통화를 하고 있는 사진이지요. 벨은 전화를 할 때, "헬로!"라고 말하지 않고 "호이, 호이!"라고 말했대요.

벨과 헬렌 켈러의 우정

벨이 발명한 전화기가 널리 알려지면서 벨은 여러 나라의 왕이나 과학자, 정치가 등 다양한 사람들을 만났어요. 그중에는 장애인들의 인권을 높이기 위해 평생 노력한 사회 운동가인 헬렌 켈러도 있었지요.

헬렌 켈러는 태어난 지 19개월만에 열병을 앓아서 듣지도 보지도 말하지도 못하게 되었어요. 헬렌 켈러가 여섯 살이 되던 해에 헬렌 켈러의 아버지는 헬렌 켈러를 데리고 벨을 찾아갔어요. 청각 장애인 교육에 힘을 쓰는 벨이 헬렌 켈러에게 도움을 줄 수 있을 거라고 생각했거든요.

헬렌 켈러는 벨과의 첫 만남을 이렇게 기억했어요.

"벨은 나를 자기 무릎에 앉혔다. 내가 그의 시계를 만지작거리자, 시계태엽을 감아서 시계가 울리는 것을 느낄 수 있게 해 주었다. 그는 내 몸짓을 이해했고, 나도 그것을 알고 금세 그를 좋아하게 되었다. 그 순간부터 그가 죽는 날까지, 그의 이해와 사랑 속에서 내 삶은 축복으로 가득 찼다."

헬렌 켈러와 벨, 그리고 헬렌 켈러의 선생님이자 친구인 앤 설리번의 모습이에요.

벨은 항상 헬렌 켈러의 편에 서서 용기를 북돋아 주었고, 헬렌 켈러가 세상을 보고 들으며 자신의 의견을 당당히 말할 수 있도록 도와주었어요.

함께 보면 쏙쏙 이해되는 역사

◆ 1847년
영국 스코틀랜드
에든버러에서 태어남.

1840 | **1850**

● 1844년
미국에서 전보 서비스가
처음으로 시작됨.

● 1854년
안토니오 메우치가
전화기를 발명함.

◆ 1880년
볼타상을 받음.

1880 | **1890**

● 1880년
전화를 걸면 전화
교환원이 상대방과
연결시켜 주는 전화기가
발명됨.

● 1891년
다이얼 전화기(숫자가
적힌 구멍에 손가락을 넣고
돌리는 전화기)가 발명됨.

◆ 알렉산더 벨의 생애
● 전화 통신의 역사

◆ 1871년
보스턴의 청각 장애인 학교에서 '보이는 음성'을 가르침.

◆ 1873년
보스턴 대학교의 교수가 됨.

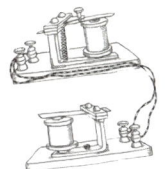

◆ 1876년
전화기 특허권을 받음.

1870   **1875**

◆ 1909년
비행기 '실버 다트호'를 만들어 날림.

◆ 1922년
일흔다섯 살의 나이로 세상을 떠남.

1900   **1920**

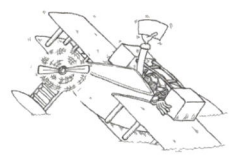

추천사

「새싹 인물전」을 펴내면서

요즈음 아이들에게 '훌륭한 사람'이 누구냐고 물으면 '돈 많이 버는 사람'이라고 대답한다고 합니다. 초등학생의 태반은 가수나 배우가 되고 싶어 하고요. 돈 많이 버는 사람이나 연예인이라는 직업이 나쁘다는 것이 아니라, 아이들이 각자가 갖고 있는 재능과는 상관없이 모두 똑같은 꿈을 갖는 것 같아 걱정입니다. 또 한편으로는 아이들이 진정 마음으로 닮고 싶은 사람에 대한 정보가 부족한 것은 아닌가 하는 생각도 듭니다.

어릴수록 위인 이야기의 힘은 큽니다. 아직 어리고 조그마한 아이들은 자신이 보잘것없다고 생각하고 위인들의 성공에 감탄합니다. 하지만 그네들에게는 끝없이 열린 미래가 있습니다. 신화처럼 빛나는 위인들의 모습은 아이들에게 훌륭한 역할 모델이 되고, 그런 삶을 살기 위해 무엇을 어떻게 해야 할지를 알려 주는 밝은 등대가 됩니다.

그렇다면 우리가 어른으로서 아이들에게 권해야 할 위인전은 무엇일까요? 보통 우리가 생각하는 '위인'은 훌륭한 업적을 남긴

위대한 사람, 멋지고 능력 있는 사람입니다. 하지만 시대가 변했으니 아이들이 역할 모델로 삼을 수 있는 위인의 정의나 기준도 변해야 할 것입니다.

그런 의미에서 비룡소의 「새싹 인물전」은 종래의 위인전과는 다른 점이 많습니다. 시리즈 이름이 '위인전'이 아닌 '인물전'이라는 데 주목하기 바랍니다. 「새싹 인물전」은 하늘에서 빛나는 위인을 옆자리 짝꿍의 위치로 내려놓습니다. 만화 같은 친근한 일러스트는 자칫 생소할 수 있는 옛사람들의 이야기를 일상에서 만날 수 있는 재미있는 사건처럼 보여 줍니다.

또 하나, 「새싹 인물전」에는 위인전에 단골로 등장하는 태몽이나 어린 시절의 비범한 에피소드, 위인 예정설 같은 과장이 없습니다. 사실 이런 이야기들은 현대를 사는 아이들에게는 황당하고 이해하기 힘든 일일 뿐입니다. 그보다는 천 리 길도 한 걸음부터, 큰 성공도 자잘한 일상의 인내와 성실함이 없었다면 이루어질 수 없었다는 것을 알려 주는 것이 중요합니다. 세상 사람들의 우러름을 받는 이들도 여느 아이들과 같은 시절을 겪었음을 보여 줌으로써, 아이들에게 괜한 열등감을 주지 않고 그네들의 모습을 마음속에 담을 수 있도록 해 주는 것입니다.

　덧붙여 위인전이란 그 인물이 얼마나 훌륭한 업적을 남겼는가 보여 주는 것도 중요하지만, 얼마나 참된 인간다움을 보였는가를 알려 줄 필요도 있습니다. 여기서 '인간다움'이란 기본적인 선함과 이해심, 남을 위해 봉사할 수 있는 사랑과 배려, 그리고 한 가지 목표를 설정하고 앞으로 나아갈 수 있는 의지와 용기를 말합니다. 성취라는 결과보다는 성취하기 위한 과정을 보여 주고, 사회적인 성공보다는 한 인간으로서 얼마나 자기 자신에게 철저하고 진실했는지를 보여 주는 것이 중요하다는 것입니다.

　하지만 아무리 좋은 가르침도 사랑과 따뜻함이 없으면 억누름과 상처가 될 뿐이겠지요. 「새싹 인물전」은 나의 노력과 의지에 따라 얼마든지 의미 있는 삶을 살 수 있음을 알려 줍니다. 내가 알고 있는 삶 외에도 또 다른 삶이 존재할 수 있다는 것, 꿈을 키우고 이

루어 가는 과정에서 배우고 경험하게 되는 것들의 가치, 그런 따뜻함을 담고 있는 위인전입니다. 부디 이 책이 삶의 첫발을 내딛는 아이들에게 좋은 길잡이가 되었으면 하는 바람입니다.

기획 위원

박이문(전 연세대 교수, 철학)
장영희(전 서강대 교수, 영문학)
안광복(중동고 철학 교사, 철학 박사)

- 사진 제공

  48, 49, 51, 53쪽_ 게티 이미지. 50쪽_ 위키피디아. 52쪽_ 토픽 포토 에이전시.

글쓴이 에마 피시엘

어린이 책 작가이다. 지은 책으로 『마하트마 간디』, 『로버트 스콧』, 『나이팅게일』, 『셰익스피어』, 『몰리의 마법 카펫 Molly's Magic Carpet』, 『나의 유령 선생님 My Teacher the Ghost』 등이 있다.

그린이 레슬리 뷔시커

어린이 책에 그림을 그리는 작가이다. 그린 책으로 『파스퇴르』, 『카이사르』 등이 있다.

옮긴이 이원경

경희대학교 국어 국문학과를 졸업했다. 현재 전문 번역가로 활동하고 있다. 옮긴 책으로는 『어린 여우를 위한 무서운 이야기』, 『안녕, 우주』, 『머시 수아레스, 기어를 바꾸다』, 『헨리 포드』 등이 있다.

새싹 인물전 **알렉산더 벨**
032

1판 1쇄 펴냄 2010년 8월 6일   1판 9쇄 펴냄 2020년 5월 22일
2판 1쇄 펴냄 2021년 5월 28일   2판 2쇄 펴냄 2022년 5월 30일

글쓴이 에마 피시엘   그린이 레슬리 뷔시커   옮긴이 이원경
펴낸이 박상희 편집장 전지선 편집 이지은 디자인 박연미, 지순진
펴낸곳 (주)비룡소 출판등록 1994.3.17. (제16-849호)
주소 06027 서울시 강남구 도산대로1길 62 강남출판문화센터 4층
전화 영업 02)515-2000 팩스 02)515-2007 편집 02)3443-4318, 9   홈페이지 www.bir.co.kr
제품명 어린이용 각양장 도서   제조자명 (주)비룡소   제조국명 대한민국   사용연령 3세 이상

ISBN 978-89-491-2912-9 74990
ISBN 978-89-491-2880-1 (세트)

「새싹 인물전」 시리즈

- 001 **최무선** 김종렬 글 이경석 그림
- 002 **안네 프랑크** 해리엇 캐스터 글 헬레나 오웬 그림
- 003 **나운규** 남찬숙 글 유승하 그림
- 004 **마리 퀴리** 캐런 월리스 글 닉 워드 그림
- 005 **유일한** 임사라 글 김홍모·임소희 그림
- 006 **윈스턴 처칠** 해리엇 캐스터 글 린 윌리 그림
- 007 **김홍도** 유타루 글 김홍모 그림
- 008 **토머스 에디슨** 캐런 월리스 글 피터 켄트 그림
- 009 **강감찬** 한정기 글 이홍기 그림
- 010 **마하트마 간디** 에마 피시엘 글 리처드 모건 그림
- 011 **세종 대왕** 김선희 글 한지선 그림
- 012 **클레오파트라** 해리엇 캐스터 글 리처드 모건 그림
- 013 **김구** 김종렬 글 이경석 그림
- 014 **헨리 포드** 피터 켄트 글·그림
- 015 **장보고** 이옥수 글 원혜진 그림
- 016 **모차르트** 해리엇 캐스터 글 피터 켄트 그림
- 017 **선덕 여왕** 남찬숙 글 한지선 그림
- 018 **헬렌 켈러** 해리엇 캐스터 글 닉 워드 그림
- 019 **김정호** 김선희 글 서영아 그림
- 020 **로버트 스콧** 에마 피시엘 글 데이브 맥타가트 그림
- 021 **방정환** 유타루 글 이경석 그림
- 022 **나이팅게일** 에마 피시엘 글 피터 켄트 그림
- 023 **신사임당** 이옥수 글 변영미 그림
- 024 **안데르센** 에마 피시엘 글 닉 워드 그림
- 025 **김만덕** 공지희 글 장차현실 그림
- 026 **셰익스피어** 에마 피시엘 글 마틴 렘프리 그림
- 027 **안중근** 남찬숙 글 곽성화 그림
- 028 **카이사르** 에마 피시엘 글 레슬리 뷔시커 그림
- 029 **백남준** 공지희 글 김수박 그림
- 030 **파스퇴르** 캐런 월리스 글 레슬리 뷔시커 그림
- 031 **유관순** 유은실 글 곽성화 그림
- 032 **알렉산더 벨** 에마 피시엘 글 레슬리 뷔시커 그림
- 033 **윤봉길** 김선희 글 김홍모·임소희 그림
- 034 **루이 브라유** 테사 포터 글 헬레나 오웬 그림
- 035 **정약용** 김은미 글 홍선주 그림
- 036 **제임스 와트** 니컬라 백스터 글 마틴 렘프리 그림
- 037 **장영실** 유타루 글 이경석 그림
- 038 **마틴 루서 킹** 베르나 윌킨스 글 린 윌리 그림
- 039 **허준** 유타루 글 이홍기 그림
- 040 **라이트 형제** 김종렬 글 안희건 그림
- 041 **박에스더** 이은정 글 곽성화 그림
- 042 **주몽** 김종렬 글 김홍모 그림
- 043 **광개토 대왕** 김종렬 글 탁영호 그림
- 044 **박지원** 김종광 글 백보현 그림
- 045 **허난설헌** 김은미 글 유승하 그림
- 046 **링컨** 이명랑 글 오승민 그림
- 047 **정주영** 남경완 글 임소희 그림
- 048 **이호왕** 이영서 글 김홍모 그림
- 049 **어밀리아 에어하트** 조경숙 글 원혜진 그림
- 050 **최은희** 김혜연 글 한지선 그림
- 051 **주시경** 이은정 글 김혜리 그림
- 052 **이태영** 공지희 글 민은정 그림
- 053 **이순신** 김종렬 글 백보현 그림
- 054 **오드리 헵번** 이은정 글 정진희 그림
- 055 **제인 구달** 유은실 글 서영아 그림
- 056 **가브리엘 샤넬** 김선희 글 민은정 그림
- 057 **장 앙리 파브르** 유타루 글 하민석 그림
- 058 **정조 대왕** 김종렬 글 민은정 그림
- 059 **나폴레옹 보나파르트** 남찬숙 글 남궁선하 그림
- 060 **이종욱** 이은정 글 우지현 그림

061	**박완서**	유은실 글　이윤희 그림
062	**장기려**	유타루 글　정문주 그림
063	**김대건**	전현정 글　홍선주 그림
064	**권기옥**	강정연 글　오영은 그림
065	**왕가리 마타이**	남찬숙 글　윤정미 그림
066	**전형필**	김혜연 글　한지선 그림

* 계속 출간됩니다.